LOUIS BLANC

Harey, delenea.

LOUIS BLANC

Publié par G. HAVARD

Imp. de Mangeon, 67 r. St-Jacq. Paris.

LES CONTEMPORAINS

LOUIS BLANC

PAR

EUGÈNE DE MIRECOURT

PARIS — 1857

CHEZ L'AUTEUR

48, rue des Marais Saint-Martin

**Et chez tous les Libraires de France
et de l'Étranger**

LOUIS BLANC.

Déjà nous avons daguerréotypé bon nombre d'utopistes contemporains.

Franchement, il nous faut du courage pour suspendre dans notre galerie ces visages grimaçants, que les passions politiques nous accusent de défigurer encore.

Les passions politiques mentent aujourd'hui, comme elles mentaient hier.

Pour la vingtième fois, nous le répétons, cette œuvre n'arbore aucun drapeau ; le blâme, chez nous, n'est point un système, et, tout en attaquant les hommes, quand la vindicte publique l'exige, nous respectons les principes.

Jetez les yeux derrière nous, sur cette longue série de volumes, publiés depuis quatre ans.

Nous avons rendu pleine justice aux héros de la démocratie qui se nomment Raspail, Proudhon, Pierre Leroux.

Mais, en faisant l'éloge de leurs qualités privées et de leur valeur intellectuelle,

devions-nous marchander la vérité à leur
étrange histoire ? Ne fallait-il pas montrer
que l'orgueil est au fond de toutes leurs
doctrines et surnage au-dessus de tous
leurs sophismes?

Certes, nous ne pouvions manquer de
retrouver encore ce vice superbe de l'esprit, en étudiant l'individualité d'un autre
réformateur moderne, le citoyen Louis
Blanc.

L'orgueil, chez ce nouveau personnage,
se dissimule sous un masque de phari-
saïsme qui repousse et qui excite l'indi-
gnation.

Vous rappelez-vous l'attitude de ce

pygmée montagnard à la tribune de l'Assemblée nationale?

Juché sur un escabeau, la main gauche sur la poitrine, et gesticulant de la droite avec une empathique monotonie, l'imperceptible orateur semblait menacer le ciel de son poing d'enfant.

Son visage, glacé d'une morgue hautaine, commentait ses paroles sonores et creuses.

Il y avait un dédain suprême dans la manière dont il tenait tête à ses accusateurs. Sans doute il les plaignait, au fond de l'âme, du stupide aveuglement qui les empêchait de reconnaître son infaillibilité de penseur et de prophète.

Louis Blanc se croyait l'incarnation de la République sociale et le Messie de l'avenir.

Sans cesse on l'a vu poser en demi-dieu, s'étonnant de ne pas recueillir les hommages de la France entière et de ne pas trouver les peuples disposés, d'un bout du globe à l'autre, à lui dresser des autels.

Nous avons relu son fameux ouvrage de l'*Organisation du Travail.*

Hélas ! est-il bien possible qu'on ait pris jadis au sérieux un tel livre ?

Feuilletant chaque page l'une après l'autre, avec une stupeur croissante, nous nous demandions par quelle aberration de l'esprit ces conceptions monstrueuses, qui dépassent toutes les bornes de l'absurde, ont pu rencontrer des admirateurs et des soutiens dans les dernières années du règne de la branche cadette.

Auprès de l'atelier social de M. Louis Blanc, la *Cité du soleil* de Campanella, et l'*Icarie* de Cabet sont des chefs-d'œuvre de bon sens, des merveilles de logique, et semblent des Éden de félicité presque réalisables.

Il se trouva néanmoins des plumes assez menteuses ou assez folles pour exalter Louis Blanc et son livre.

Une foule niaise crut à la sublimité des idées de l'auteur. On porta aux nues sa compassion pour les souffrances et pour les larmes. La nation tout entière avait perdu l'esprit en 1840.

Elle le fit bien voir huit ans après.

Jean - Joseph - Louis Blanc naquit, le 28 octobre 1813, à Madrid, où résidait son père, inspecteur général des finances, sous le roi Joseph.

Sa mère, Corse de naissance, l'éleva jusqu'à l'âge de sept ans dans son île natale. Elle était sœur du comte Pozzo di Borgo, cet ennemi personnel de Napoléon Ier, qui s'attacha au service diplomatique de la Russie, et devint le ministre et le confident de l'empereur Alexandre.

Pozzo di Borgo, sur la fin de sa vie, tomba dans la démence.

Il se figurait sans cesse être l'objet de
poursuites, et disait que l'empereur Napoléon avait donné l'ordre de le faire fu-
siller [1].

La famille paternelle de l'organisateur
du travail était originaire du Rouergue.

1. Messieurs les démocrates ont reproché plus
d'une fois à Louis Blanc cette parenté comme un
crime. Nous lisons dans l'*Ami du Peuple*, de Raspail, du 6 mai 1848 : « Les commissaires du gouvernement en Corse, MM. Pietri et Vogin, ont donné
leur démission le jour où il a plu à M. Louis Blanc
d'envoyer dans le département son oncle (ici Raspail se trompe, ce n'était qu'un cousin ; l'oncle était
mort) comme commissaire général. Le conseil mu-
nicipal n'a pas voulu reconnaître M. Pozzo di Borgo.
— Louis Blanc, neveu de Pozzo di Borgo ! d'un
transfuge, du fléau de la liberté de la Pologne, d'un
Corse devenu Russe ! Est-ce que la France serait
déjà cosaque ? »

Son père et son grand-père habitaient Sainte - Afrique. Ils furent emprisonnés sous la Terreur.

Pendant leur captivité, un avocat de leurs amis, nommé Monseignat, crut devoir accepter l'offre d'un bandit de grande route sauvé par lui des galères et qui proposa, par reconnaissance, de tenter l'évasion de ces malheureux.

Sorti tout récemment des cachots et connaissant lui-même les détours de la maison d'arrêt, cet honnête voleur garantissait la réussite de l'entreprise.

Accompagné d'un second ami de la famille, M. Géraldy, père du célèbre artiste, Monseignat conduisit son Fra-Diavolo sous les murs de la prison, qui furent escaladés au moyen d'une échelle de corde.

Mais le père de Louis Blanc profita seul de ce secours inattendu.

L'aïeul refusa de s'échapper, disant que son arrestation avait été l'effet d'une méprise et que son innocence ne tarderait pas à être reconnue.

Dès le lendemain on le transférait à Paris où le tribunal révolutionnaire l'envoya presque aussitôt à la guillotine, en récompense de sa foi dans la justice républicaine.

Sous la Restauration, le père de Louis Blanc fut inscrit sur la liste des émigrés, auxquels on offrait en partage le fameux millard.

On lui proposa une forêt.

Il préféra une pension et deux bourses pour ses fils au collége de Rhodez.

Louis y fit de brillantes études, qui se trouvèrent achevées au moment où éclata la révolution de 1830.

Il venait rejoindre son père à Paris, lorsqu'il reçut en chemin la nouvelle du soulèvement du peuple. A son arrivée, la bataille était finie; mais d'énormes barricades s'élevaient encore dans les rues.

Par le conseil officieux d'un voisin de diligence, il coupa les boutons de son frac

de collégien, estampillés des trois fleurs
de lys, et parvint sans encombre, dans
cette toilette d'anabaptiste, jusqu'à l'hôtel
Coquillière, où il était impatiemment
attendu.

Il trouva son père dans la consternation.

La chute des rois de la branche aînée
ruinait l'ex-pensionnaire de la liste civile
et l'empêchait de guider fructueusement
les pas de son fils, à ses débuts dans la vie
agissante et dans le choix d'une carrière.

Pour échapper au besoin, le jeune
homme fut obligé de se mettre en quête
d'un emploi quelconque.

Il atteignait à cette époque sa dix-hui-

...tième année, et semblait n'avoir pas fait encore sa première communion.

Un de ses parents, M. Ferri-Pisani, ex-conseiller d'État et gendre du maréchal Jourdan, le prit sous sa protection spéciale.

— Te sens-tu des inclinations pour la carrière diplomatique? lui demanda-t-il.

— J'accepte d'avance toutes les carrières où l'on obtient de l'avancement par le travail, répondit notre logicien de Rhodez.

— Alors il faut te recommander du nom de Pozzo di Borgo, ton oncle. Viens avec moi à l'hôtel Talleyrand.

Sans plus de retard, il le mène rue

Saint-Florentin, et le présente à madame
la duchesse de Dino, la nièce et l'Égérie
du vieux diplomate.

C'était une jeune femme très-forte du
cerveau, mais dont la puissance intellectuelle se cachait sous des mœurs folâtres.
Il était rare que son premier mouvement
ne fût pas pour la moquerie, et, quand
on lui adressait des reproches à cet égard,
elle ne manquait jamais de répondre :

— Tant pis pour ceux qui ont le caractère bossu !

Apercevant le petit bonhomme aux yeux
noirs et aux joues roses que lui présen-
tait M. Ferri-Pisani, la duchesse éclata de
rire.

— Eh ! mais il paraît que vous êtes ambitieux, don Chérubin ! s'écria-t-elle, en effleurant de son éventail le menton de Louis. Avant de faire votre noviciat dans les ambassades, attendez au moins que vous ayez toutes vos dents !

Chérubin fit la grimace, et ce mot de madame de Dino décida de son sort.

Blessé profondément par cette raillerie bien innocente d'une jeune femme qui, après tout, ne devinait pas sous ses traits de *baby* sa virilité précoce, il répliqua, nous ne savons par quelle orgueilleuse réponse, et brûla nettement la politesse à sa protectrice.

Il sortit de l'hôtel, la rougeur au front et la rage dans l'âme.

— Je ferai mon chemin moi-même !
dit-il à M. Ferri-Pisani.

En attendant, il ne crut pas devoir re-
fuser une petite pension que le gendre du
maréchal proposa de lui servir.

Aidé par ce secours pécuniaire, il continua ses recherches d'emploi avec une in-
fatigable persistance, et réussit à donner
quelques leçons de mathématiques.

Louis Blanc lui-même a dit plus tard
que, le jour où il s'était vu à la veille de
n'avoir ni pain ni travail, malgré son désir
de trouver l'un et l'autre, il avait renou-
velé contre la société actuelle le serment
d'Annibal contre Rome, c'est-à-dire un
serment d'extermination.

Quelle noble et charmante nature !

Au lieu d'écouter la voix de l'orgueil, ce conseiller maudit, savez-vous quel était votre devoir, illustre démocrate ?

Sans parler de la résignation chrétienne, que vous n'acceptez sous aucun prétexte, et raisonnant au point de vue philosophique pur et simple, nous vous dirons qu'il fallait acquérir par des études sérieuses le sentiment vrai des hommes et des choses, afin d'apprendre à supporter l'épreuve et à gagner le but par le chemin de la patience. Les annales de la folie humaine n'auraient point à enregistrer la déplorable utopie qu'enfantèrent vos rancunes contre le destin.

En 1831, Louis Blanc entra chez M. Pallot,

avoué à la Cour royale, avec le titre de troisième ou de quatrième clerc.

A cette époque, il fit la connaissance de M. de Flaugergues, ancien président de la Chambre des députés.

Ce monsieur de Flaugergues était un homme d'un esprit éminent. A la suite de quelques causeries intimes, il pénétra les hautes facultés intellectuelles du jeune homme et lui enseigna la politique, absolument comme il eût fait d'une science.

Le libéralisme de M. de Flaugergues n'allait pas plus loin que Benjamin Constant.

Qu'aurait-il pensé des progrès de son élève, s'il avait pu assister, en 1848, aux séances du Luxembourg?

Cependant notre quatrième clerc s'ennuyait beaucoup chez son avoué. Le hasard voulut qu'il retrouvât à Paris la famille Géraldy, autrefois intimement liée avec la sienne. Il reçut là gracieux accueil, fréquenta le salon de ses nouveaux amis, et y rencontra, un soir, M. Corne de Brillemont, frère d'un ancien procureur général sous la République. Ce personnage avait mission de chercher un précepteur pour le fils d'un célèbre fabricant de machines, M. Hallette (d'Arras).

Il offrit la place à Louis Blanc.

Pour le jeune clerc, cet emploi devenait une fortune, et, sans plus de retard, il partit pour Arras, où il resta dix-huit mois.

Ce fut dans cette ville que notre démocrate imberbe débuta comme publiciste et
comme poëte, — car il a cette touchante
analogie avec M. de Robespierre, que la
culture de la rime fut une de ses passions.

Louis Blanc composa un poëme sur *Mirabeau* et un autre sur l'*Hôtel des Inva-
lides*. Ces deux poëmes, soumis au juge-
ment des académiciens d'Arras, furent
couronnés, ainsi qu'un *Éloge de Manuel*,
en prose.

Or, cinquante ans auparavant, la même
académie décernait des palmes à ce ma-
drigal du *sensible* Maximilien :

Crois-moi, jeune et belle Ophélie,
Quoi qu'en dise le monde, et malgré ton miroir,
Contente d'être belle et de n'en rien savoir,
Garde toujours ta modestie.

Sur le pouvoir de tes appas
Demeure toujours alarmée ;
Tu n'en seras que mieux aimée
Si tu crains de ne l'être pas.

Est-ce bien toi, tigre candide, qui as
rimé cette strophe incroyable ?

Comment, la muse rococo qui chantait
sous ta plume est-elle devenue la Gorgone
sinistre dont le souvenir épouvante encore
la France ?

Mais revenons au héros de cette histoire.

Jean-Joseph-Louis, encouragé par ses
triomphes académiques, publia un certain
nombre d'articles dans le *Propagateur du
Pas-de-Calais.*

Frédéric Degeorge dirigeait avec distinction cette feuille départementale. Surpris de la vigueur et de la sève qui caractérisaient les élucubrations du jeune écrivain, il lui donna le conseil désintéressé d'entrer dans la presse parisienne.

L'éducation du fils de M. Hallette était finie.

Rien ne retenait plus à Arras Louis Blanc. Donc, il accepta les lettres de recommandation que lui offrait Degeorge, et regegna Paris à la fin de 1834.

Son ex-patron l'adressait principalement à Conseil collaborateur d'Armand Carrel, au *National*.

Mais Conseil, à l'exemple de tous ses

confrères du journalisme, était partout et n'était nulle part. Il renouvelait, de nos jours, l'histoire de Protée ; jamais homme ne se montra plus insaisissable.

A cette époque, le *National* avait ses bureaux dans l'ancien hôtel Colbert, rue du Croissant.

Un jour, après une dixième tentative, aussi infructueuse que les précédentes, Jean-Joseph-Louis lève les yeux au ciel, comme pour le prendre à témoin de l'inutilité de ses efforts, et voit, au-dessus d'une porte, cette inscription en grosses lettres :

LE BON SENS.

C'était encore une feuille démocratique ;

et, comme il avait deux articles en poche,
il se décide à en offrir un, à tout hasard,
à ce journal.

Il monte résolûment dans les bureaux et
demande le rédacteur en chef.

— Vous trouverez son cabinet au fond
du couloir, lui répondent les commis, en
lui indiquant un passage obscur.

Louis traverse le corridor.

Mais, au moment de pénétrer dans le
sanctuaire de la rédaction, il se sent pris
d'une fausse honte.

— Que vais-je dire, pensa-t-il, et de qui
me recommander ? Mon air d'extrême jeu-
nesse fera croire nécessairement que ces
articles ne sont pas de moi.

La peur d'être mal accueilli l'emporte sur sa résolution.

Il rebrousse chemin, et dans son trouble, il descend quelques marches de l'escalier particulier de l'imprimerie.

Tout à coup une grosse voix l'interpelle.

— Où allez-vous, lui crie-t-on, et que cherchez-vous ?

Nécessairement il fallait justifier sa présence dans un lieu interdit au public, sous peine de passer pour ce qu'il n'était pas, en ce bon temps où les limiers de la rue de Jérusalem se glissaient partout, afin de surveiller les démocrates.

— Je cherche le bureau de rédaction, murmure Louis d'un accent peu rassuré.

— Suivez-moi, je vais vous y conduire,
reprend son interlocuteur, ouvrier typo-
graphe, qui ne tarde pas à lui ouvrir la
porte de la pièce où se trouvaient Rodde et
Cauchois-Lemaire, principaux rédacteurs
du *Bon Sens.*

Rodde salue le jeune homme d'un air
affable, prend lecture de son article et en
fait l'éloge.

Mais Cauchois-Lemaire qui rêvait, tout
éveillé, d'agents de police et de mouchards,
se tint beaucoup plus sur la réserve, et la
glace ne se fondit que le jour où un deu-
xième et un troisième article lui eurent
prouvé qu'on n'introduisait pas dans la
place un traître, mais un intelligent collaborateur.

Louis Blanc, huit jours après, est attaché à la rédaction, aux honoraires de douze cents francs ; la semaine d'ensuite, ces honoraires sont élevés à mille écus, puis à quatre mille francs, et bientôt la retraite de Cauchois-Lemaire le porte d'emblée à la direction du journal.

Il reste seul avec Rodde, en qualité de rédacteur en chef adjoint.

Vers le milieu de 1835, il publie dans la *Revue républicaine* plusieurs travaux, entre autres un article intitulé : *De la vertu considérée comme moyen de gouvernement.*

Aye ! ne voyez-vous pas déjà passer un petit bout de l'oreille pharisaïque ?

Il imprime, à quelque temps de là, une

appréciation de *Mirabeau*, renouvelée de
son ancien article d'Arras ; puis il contribue à la rédaction de la *Nouvelle Minerve*,
et donne au *National*, à propos d'un livre
de M. Claudon, qui avait pour titre : *le
Baron d'Holbach*, une critique du dix-
huitième siècle, dans laquelle il attaque
l'insuffisance des réformes politiques et sociales prêchées par Voltaire.

« Voltaire, dit-il, a amené 1789, révolution politique ; Rousseau 1793, révolution
sociale » ; — et il met Rousseau bien au-
dessus de Voltaire.

Cet article n'était pas dans les idées du
journal qui l'imprimait. Carrel se flattait
d'être voltairien pur.

Toutefois, il ne s'opposa point à l'insertion. Il fit même assez bon accueil à Louis Blanc, pour mieux étudier sans doute le caractère de ce nouveau venu.

Le résultat de cette étude fut un anti- pathie formelle pour son confrère du *Bon Sens*.

A une seconde démarche de Louis, ten- dant à se faire attacher en pied à la rédac- tion du principal organe du radicalisme Carrel répondit par un refus très-sec, sui- vant son habitude.

Sur les entrefaites, Rodde tombe ma- lade et meurt.

Les actionnaires du *Bon Sens* veulent en- lever à notre héros la rédaction en chef; mais ses collaborateurs protestent contre

cette mesure et déclarent qu'ils vont se
retirer en masse.

Il était cependant le plus jeune d'entre
eux.

On dut céder devant cette manifestation.
Quelque temps après, une autre querelle
beaucoup plus violente surgit entre les actionnaires et les rédacteurs, au sujet des
chemins de fer, dont Louis Blanc soutenait
qu'il fallait conserver la propriété à l'État.
Comme on prétendait lui imposer le sentiment contraire, il donna sa démission.

Tous ses collaborateurs le suivirent, et le
journal cessa de paraître.

En 1838, Louis Blanc fonda la *Revue du
Progrès politique, social et littéraire.*

A la suite d'un compte-rendu sur les idées impérialistes du prince Louis-Napoléon Bonaparte, publié dans le numéro du 15 août 1839, compte-rendu plein de violence et qui causa une vive sensation, l'auteur de l'article fut attaqué, un soir, comme il traversait la rue Louis-le-Grand, par un individu, armé d'une canne plombée, qui lui en administra plusieurs coups sur la tête, et prit la fuite.

Il le laissa baigné dans son sang.

Jamais on n'a connu le personnage qui s'était rendu coupable de cet ignoble attentat, dont les journaux de l'époque voulurent faire tomber la responsabilité sur tout un parti.

L'année suivante, Louis Blanc fit paraître son fameux livre : *De l'Organisation du Travail.*

Une saisie du parquet menaça d'abord d'interdire la vente de l'ouvrage ; mais la chambre des mises en accusation fit cesser les poursuites.

Il est bon de donner à nos lecteurs l'analyse succinte de cette œuvre étrange.

Partant de cette donnée, que la misère retient l'intelligence de l'homme dans la nuit, engendre la douleur, la souffrance, le crime, et fait les esclaves, les voleurs, les assassins, les prostituées, Louis Blanc demande que le travail soit organisé de manière à amener la suppression de la misère.

Il enfourche, là-dessus, le dada du paradoxe, pique des deux, et galope ventre à terre dans le champ de l'absurde.

« La misère elle-même, dit-il, n'est que le résultat de la concurrence; la concurrence est la guerre dans l'ordre des intérêts. Ce qui manque aux prolétaires pour s'affranchir, ce sont les instruments du travail. La fonction du gouvernement est de les leur fournir, et l'État doit être le banquier des pauvres. »

Cela dit, il propose la création d'ateliers sociaux dans les branches les plus importantes de l'industrie nationale, auxquels l'État fournirait les capitaux nécessaires, gratuitement et sans intérêt. L'atelier du citoyen Louis Blanc aurait pour mission de faire une concurrence écrasante aux ateliers de l'industrie privée. De cette manière, la concurrence serait détruite par la concurrence même, et le judicieux écrivain prétendait guérir tous les maux de l'humanité par ce joli remède d'homœpathie sociale.

Vraiment on a de la peine à reproduire de sang-froid d'aussi révoltantes niaiseries.

Sans revenir sur cette prétention folle de tuer la concurrence, qui est l'âme de la production, pour placer violemment toutes les industries sous la tutelle de l'État, le le plus vulgaire bon sens prouve sans ré-

plique possible que, même dans l'hypo-
thèse où l'on arriverait à empêcher la concurrence à l'intérieur, entre les ouvriers
d'un même atelier et les ateliers d'un
même peuple, cela ne servirait absolument
à rien, tant que les nations pourraient se
faire concurrence entre elles, par le génie
mécanique, par les capitaux et par la main-
d'œuvre.

Il n'eût pas suffi de métamorphoser la
France entière en un couvent industriel,
il eût fallu que la règle fût observée sur
toute l'étendue du globe.

A ces ateliers sociaux l'utopiste insensé
prétendait donner une organisation fantas-
tique.

Pour stimuler l'homme au travail, il

n'admettait que le point d'honneur comme infaillible et unique mobile.

Sur un poteau, planté solennellement aux portes de chaque atelier, il se contentait d'attacher cette inscription :

Tout homme qui ne travaille pas est un voleur.

Et cela devait suffire pour exciter l'émulation fraternelle.

Louis Blanc, d'abord, avait admis l'égalité des salaires, ce qui était une conception non-seulement ridicule, mais immorale, puisque l'égalité des forces et des intelligences n'existe pas.

Plus tard, il revint sur ce point de sa

doctrine, trouvant qu'il ne consacrait pas encore assez le dogme de la fraternité républicaine.

Il adopta la formule suivante, empruntée à M. Vidal, son confrère en socialisme :

A chacun selon ses forces ; à chacun selon ses besoins.

Système admirable qui excite tous les appétits, mène droit à la débauche universelle, fait disparaître de la société le dévouement et le sacrifice, et inaugure sur la terre le règne d'un sensualisme effréné.

Rien alors ne distinguerait plus l'homme de la brute.

Avec cette merveilleuse formule, le docteur Véron aurait droit à cinq cent mille francs de rente et Pierre Corneille à la ration du soldat.

Le dernier mot du système de Louis Blanc est le communiste, bien qu'il s'en défende avec hypocrisie.

En effet, supposons que, suivant ses vœux, l'atelier social absorbe et envahisse toute propriété, tout capital et toute industrie, nécessairement il se confondra sur l'heure avec l'État, et nous tomberons dans la communauté nationale absolue.

Nous répétons que l'auteur est un hypocrite, lorsqu'il proteste de son respect pour l'Arche sainte de la famille. Tout, dans son œuvre, tend à la détruire, car la discorde entre les hommes et la promiscuité des femmes seraient les premiers effets de la vie commune, ainsi que le prouve l'histoire de mille sectaires.

Mais c'est prendre trop long-temps au sérieux ce livre sans nom, qui ne doit tomber que sous les atteintes du ridicule et du sarcasme.

Voici comme Henri Heine en parle dans sa *Correspondance de la Gazette d'Augsbourg.*

« Chaque ligne de cet opuscule, dit-il, dénote la plus grande prédilection pour l'autorité absolue, et une profonde aversion pour tout individualisme éminent, aversion qui pourrait bien avoir sa source

cachée dans une jalousie contre toute supériorité d'esprit et même de corps.

« Oui, on dit que le petit bonhomme
jalouse même ceux qui sont d'une taille
qui dépasse la sienne.

« Cette disposition hostile contre l'individualisme le distingue d'une manière frap-
pante de quelques-uns de ses confrères
politiques, par exemple du spirituel Pyat,
et elle a failli provoquer dernièrement une
dissidence dans le camp républicain, lorsque Louis Blanc ne voulut pas reconnaître
la liberté de la presse, réclamée par ses
collègues comme le palladium de la liberté,
comme un droit imprescriptible.

« En effet toute grandeur personnelle
répugne à M. Louis Blanc ; il la regarde

avec une défiance haineuse, qu'il partage,
du reste, avec un autre disciple de Rousseau, feu Maximilien Robespierre.

« Je crois que cet homoncule voudrait
faire couper chaque tête qui surpasse la
mesure prescrite par la loi, bien entendu
dans l'intérêt du salut public, de l'égalité
universelle et du bonheur social du peuple.

« M. Louis Blanc est un bizarre com-
posé de Lilliputien et de Spartiate. Dans
tous les cas, je lui crois un grand avenir,
et *il jouera un rôle, ne fût-ce qu'un rôle
éphémère.* »

Arrêtons-nous un instant pour dire à
nos lecteurs que ces lignes curieuses fu-

rent écrites, par Henri Heine, en 1841. Le poëte avait le don de prophétie.

Nous continuons.

« Le citoyen Louis Blanc est fait pour être le grand homme des petits, qui sont à même d'en porter un pareil avec facilité sur leurs épaules, tandis que des hommes d'une stature colossale, je dirais presque des esprits de forte corpulence, seraient pour eux une charge trop lourde.

« Quoique M. Blanc vise à la rigidité républicaine, il n'en est pas moins entaché de cette vanité puérile qu'on trouve toujours chez les hommes d'une petite taille.

« Il voudrait briller auprès des femmes, et ces êtres frivoles, ces vicieuses créatures lui rient au nez ; il a beau marcher sur les échasses de la phrase, ces dames ne le prennent pas au sérieux et préfèrent au tribun imberbe quelque crétin aux longues moustaches.

« Ce tribun microscopique donne cependant à sa réputation de grand patriote, à sa popularité, les mêmes petits soins que ses rivaux donnent à leurs moustaches : il la soigne on ne peut plus, il la frotte, la tond, la frise, la dresse et la redresse, et il courtise le moindre bambin de journaliste qui peut faire insérer, dans une feuille, quelques lignes de réclame en sa faveur.

« Ceux qui veulent lui adresser le plus agréable compliment le comparent à M. Thiers.

« Un républicain qui ne se pique pas de
trop de politesse, comme il sied à des gens
aux grandes convictions, disait, un jour,
tout grossièrement à Louis Blanc :

« — Ne te flatte pas de ressembler à
M. Thiers. Il y a encore une grande diffé-
rence entre vous deux. M. Thiers te ressemble, à toi, citoyen, comme une petite
pièce de dix sous ressemble à une toute
petite pièce de cinq sous. »

Lorsqu'on vint apporter à Louis Blanc
ces pages railleuses de la *Gazette d'Augsbourg*, sa petite face rose devint apoplécti-
que, et il s'écria, de sa voix de marmot
furieux, en agitant les poings dans le vide :

— Misérable!

Absolument comme eût fait le roi des Pyrénées en recevant une chiquenaude d'Hercule.

On rapporta l'histoire à Henri Heine, qui se passa la main sur le cou, et dit en riant :

— Sainte Guillotine, protégez-moi !

La Providence a voulu que tous ces grands agitateurs, malgré leur talent incontestable, s'exposent d'eux-mêmes à la moquerie, dont l'aiguillon salutaire, si nous pouvons nous exprimer de la sorte, ferme chez nous une plaie par une piqûre.

De tous les ouvrages du petit écrivain démocrate, celui qui captiva le plus l'opinion publique fût son *Histoire de dix ans.*

4

On conviendra que, dans ce livre, il se montre plutôt chroniqueur que véritable historien. Le succès fut dû en partie à l'intérêt des détails et en partie aux passions que l'auteur soulève. Exaltée par la presse démocratique tout entière, l'œuvre, fut en outre accueillie avec une certaine indulgence dans les régions légitimistes.

Louis Blanc ménageait ce parti, pour l'engager à prêter secours aux républicains et à dresser avec eux dans l'ombre les catapultes qui devaient renverser l'édifice de juillet.

Henri Heine a jugé l'*Histoire de dix ans.* Nous le citerons encore.

« Cette histoire, dit-il, contient une foule

d'anecdotes inconnues ou malicieuses. Le livre a un grand intérêt pour une multitude de lecteurs avides de cancans, et les républicains s'en régalent avec délices. La misère et la pétitesse de la bourgeoisie régnante, qu'ils veulent renverser, y sont mises à nu de la façon la plus amusante. Mais, pour les légitimistes, ce livre est du véritable caviar [1], car l'auteur qui les ménage eux-mêmes bafoue leurs vainqueurs bourgeois et lance de la boue envenimée sur le manteau royal de Louis-Philippe.

Il raconte, par exemple, l'anecdote suivante :

---

1. Allusion assez obscure à la Sainte-Alliance. On peut être légitimiste et ne pas aimer, comme les Russes, les œufs d'esturgeon salés.

« Le 1er août, lorsqûe Charles X eut
nommé le duc d'Orléans lieutenant-général du royaume, Dupin se rendit auprès de
ce dernier, à Neuilly, et lui représenta que
pour éviter le dangereux soupçon de la du-
plicité, il devait rompre définitivement
avec Charles X et lui écrire une lettre de
rupture décidée.

« Louis-Philippe donna toute son ap-
probation au sage conseil de Dupin, et le
pria même de rédiger pour lui une pa-
reille lettre.

« C'est ce que fit Dupin dans les termes
les plus acerbes, et Louis-Philippe, sur le
point d'apposer son sceau sur la lettre déjà
mise sous enveloppe, et, tenant la cire à
cacheter sur la flamme de la bougie, se re-

tourna tout à coup vers Dupin, avec ces mots :

« — Dans les cas importants, je consulte toujours ma femme. Je vais d'abord lui lire la lettre, et, si elle l'approuve, nous l'expédierons à l'instant.

« Là-dessus, il quitta la chambre, et, rentrant quelques instants après avec la lettre, il la cacheta rapidement et l'envoya sans retard à Charles X.

« Mais l'enveloppe seule était la même, ajoute l'auteur de l'*Histoire de dix ans*. Le prestidigitateur royal avait, avec ses doigts habiles, substitué à la rude lettre de Dupin une épître tout humble, dans laquelle, protestant de sa fidélité de sujet, il acceptait sa nomination au titre de lieutenant-

général du royaume et adjurait le roi
d'abdiquer en faveur de son petit-fils.

« La première question est : Comment
la fraude fut-elle découverte?

« A cela, M. Louis Blanc a répondu
verbalement à un de ses amis :

« — M. Berryer, en se rendant plus tard
à Prague auprès de Charles X, lui fit ob-
server très-respectueusement que Sa Majesté s'était un peu trop hâtée avec son
abdication. Sur quoi Sa Majesté, pour se
justifier, exhiba la lettre que le duc d'Orléans lui avait écrite à cette époque, ajou-
tant qu'il s'était conformé à son conseil
d'autant plus volontiers qu'il avait reconnu
en lui le lieutenant-général du royaume.

« C'est donc sur l'autorité de M. Berryer,

qui a vu la lettre, que repose toute cette histoire. »

Henri Heine, par ces derniers mots, semble mettre en doute l'exactitude du fait.

Il a tort, attendu que l'illustre chef légitimiste n'a jamais réclamé contre le récit de Louis Blanc. Donc, l'anecdote est revêtue d'un cachet suffisant d'authenticité : le témoignage d'un homme aussi honorable que M. Berryer suffit pour établir un point historique.

Voyant son livre réussir avec tant d'éclat, Louis Blanc résolut d'écrire l'*Histoire de la Révolution française,* ouvrage sur le

compte duquel nous reviendrons tout à
l'heure.

Il travaillait sans relâche, enfermé dans
son cabinet, ne prenant qu'une part mé-
diocre aux intrigues du parti. Ses confrères
ne l'aimaient pas, et les années qui précé-
dèrent février 1848 s'écoulèrent sans qu'il
jouât un rôle bien en vue dans le camp démocratique.

Vous qui nous accusez de partialité,
prêtez l'oreille, et daignez entendre sur
celui dont nous racontons l'histoire le ju-
gement des républicains eux-mêmes.

C'est l'auteur des *Profils révolutionnaires*
qui parle.

« Caractère ombrageux et envahissant

à la fois, dit-il, Louis Blanc ne put jamais s'introduire dans la rédaction du *National* ou dans la direction de la *Réforme*. Deux hommes lui furent toujours sourdement hostiles, Marrast et Flocon, à qui il portait ombrage, et qui le lui prouvèrent depuis.

« Une circonstance, la mort de Godefroy Cavaignac, lui avait déjà donné l'occasion de se venger d'eux, en leur faisant sentir la supériorité de ce héros du parti républicain.

« Quand Marrast, Flocon, Ledru-Rollin, Joly, Martin (de Strasbourg), Arago, Trélat, se trouvèrent réunis autour de la tombe de Godefroy, Louis Blanc vint à son tour.

« Ce petit bonhomme composa son visage.

« Fermant à moitié les yeux, se tirant les deux coins des lèvres pour que les saccades de sa voix servissent à simuler les larmes et impressionnassent l'auditoire devant son air contristé, il s'écria :

« — Si Godefroy eût été appelé par les circonstances à la tête des affaires de son pays, il eût été capable de les diriger *mieux qu'aucun autre* de ceux que nous connaissons.

« Les illustres assistants, piqués d'une telle sortie, tournèrent la tête vers Louis Blanc.

« Il les avait écrasés du nom d'incapables; il avait sondé leur faiblesse, il leur avait porté le plus rude coup que leur

orgueil pût ressentir, il les avait humiliés
les uns aux yeux des autres.

« Jamais ils ne lui pardonnèrent.

« Se complaisant lui-même dans l'effet
de sa pantomime, quand ce petit comédien
eut prononcé ces paroles, la tristesse s'éva-
nouit de sa figure; ses traits reprirent leur
place; sa voix s'éclaircit, et ce manége de
son extérieur étudié ne servit qu'à démas-
quer la jalousie qui rongeait les coryphées
du parti. »

Durant la campagne des banquets, notre
héros ne figura qu'à l'arrière-plan.

Toutefois, nous le voyons assister au
banquet de Dijon et y porter la parole avec
quelque succès.

Rempli de prudence, et ne voulant pas jouer trop à découvert une partie dangereuse, il se tenait à l'écart, épiant l'heure où les marrons, tirés du feu par la patte d'autrui, seraient bons à croquer.

Personne, au milieu de la bagarre, ne vit poindre le museau de notre furet démocratique.

On ne l'aperçut que juste au moment où l'absence du danger laissait à l'ambition toute faculté d'agir, et ceci nous rappelle une piquante anecdote.

C'était dans l'après-midi du 24 février.

Nous habitions alors du côté de la barrière de l'Étoile. Marc Fournier, notre collaborateur et notre ami, avait une petite

villa dans notre voisinage. Il n'a pas oublié
sans doute les détails qui vont suivre.

On entendait le fracas de la fusillade,
que le vent d'Est nous apportait directe-
ment.

Soudain elle cessa.

Qu'était-il arrivé ? L'ordre se rétablissait-
il, ou l'émeute triomphait-elle ? Nous nous
chargeâmes d'aller aux informations, et
nous descendîmes l'avenue des Champs-
Élysées.

Bientôt le spectacle du pillage des Tuile-
ries nous montra de quel côté se prononçait
la victoire.

En remontant, le cœur affligé de cette
scène de vandalisme, nous rencontrâmes

une dame vêtue de noir, qui vint à nous avec une vivacité singulière, et nous dit :

— Vous avez des nouvelles, monsieur ?

— Oui, madame ; on fait le sac du château, et la République est proclamée.

— Ah ! vraiment ? s'écria-t-elle avec une joie visible. Est-ce que, par hasard, vous auriez entendu parler de M. Louis Blanc ?

— Non, madame.

— Je suis très-inquiète. C'est mon beau-frère.

— Vous craignez qu'il n'ait reçu quelque blessure dans la lutte ?

— Oh ! non, son affaire à lui n'est pas de se battre. Mais, si la République est proclamée, il doit être du gouvernement, et nous ne savons rien encore.

Le dialogue n'alla pas plus loin.

La dame descendit l'avenue pour interroger des personnes mieux instruites, et nous remontâmes vers l'Étoile.

Voilà notre anecdote. Nous la livrons ici sans commentaires ; elle n'en a pas besoin.

Lorsque le Gouvernement provisoire, qui s'était nommé lui-même à la Chambre des députés, arriva à l'Hôtel-de-Ville, il y trouva déjà installés, en forme de pouvoir populaire, Louis Blanc, Marrast, Flocou et un quatrième personnage qui s'annonçait comme rédacteur du journal l'*Atelier*.

Ils représentaient les diverses nuances de la presse républicaine.

Comme le *National* ne désirait qu'une simple modification politique, il s'était efforcé, pendant la lutte, d'établir d'avance un gouvernement de son choix et de sa couleur. Mais on avait dû compter avec la *Réforme*, qui admettait la discussion des questions sociales, et Louis Blanc exigea, en outre, l'adjonction de l'ouvrier Martin dit Albert.

Les élus de la Chambre firent la grimace.

En vain on tenta de restreindre l'ambition de nos journalistes au modeste emploi de secrétaires; le Gouvernement provisoire fut débordé. Bientôt il compta quatre membres de plus, et l'éditeur de M. Louis Blanc, l'illustre Pagnerre, resta seul chargé du secrétariat.

Pressés par les démonstrations du peuple en armes, les hommes de l'Hôtel-de-Ville reconnurent, dès le 25 février, le *droit au travail*, première conquête du socialisme, qui agissait et parlait en despote.

Aussitôt Louis Blanc demande la création d'un ministère du progrès pour lui-même, celle d'un ministère de la Bienfaisance pour le citoyen Flocon, et d'un ministère des Beaux-Arts pour le citoyen Marrast.

M. de Lamartine fait écarter cette proposition ridicule.

Garnier-Pagès propose alors de donner au citoyen Louis Blanc la présidence d'une commission, dite *Commission de gouvernement pour les travailleurs*, chargée de préparer la solution du problème social.

Martin, dit Albert, est nommé vice-président de cette commission, qui doit siéger au Luxembourg.

Sans plus de retard, on décrète l'établissement des ateliers nationaux, mais tout à fait en dehors de l'influence de Louis Blanc, et même dans une pensée hostile à ses théories.

On espérait, en stipendiant le désœuvrement des classes ouvrières, les éloigner des discussions socialistes.

Par une singulière coïncidence, les ateliers nationaux, organisés par le citoyen
Marie, avaient adopté le principe fonda-
mental des doctrines du citoyen Louis
Blanc, c'est-à-dire l'égalité absolue des
salaires.

Notre utopiste resta donc, malgré tout,
maître de la situation.

Les conférences du Luxembourg s'ou-
vrirent solennellement le 1er mars 1848. Il
y eut deux sortes de séances, les séances
publiques et les séances secrètes.

Aux séances publiques assistaient les
ouvriers qui venaient périodiquement re-
cevoir la manne sociale et se nourrir de
phrases sonores, à défaut d'aliments plus

substantiels. Ils se rassemblaient dans l'en-
ceinte de l'ancienne Chambre des Pairs,
sous les lambris du privilége et sur les
banquettes de l'aristocratie. Les débats
de ces séances paraissaient, le lendemain,
dans le *Moniteur*, sténographiés plus ou
moins fidèlement.

Aux séances secrètes, aux conférences
intimes, on ne conviait que les dieux et
les demi-dieux de l'Olympe palingéné-
sique, au nombre d'environ vingt-cinq ou
trente personnes.

C'était le laboratoire caché, où se ré-
unissaient les alchimistes du socialisme.

Ils travaillaient en commun au grand
œuvre.

S'il n'y avait point là de Paracelse, en

revanche on y trouvait une foule de Rug-
gieri.

Avant toute discussion, les ouvriers de-
mandèrent qu'on diminuât les heures de
travail et qu'on abolit le marchandage.
Deux décrets furent rendus coup sur coup
pour satisfaire à ces exigences.

Il est inutile de nous étendre sur cette
comédie parlementaire qui scandalisa la
France et l'Europe, sur ce niais et stérile
verbiage qui dura deux mois.

M. Louis Blanc n'eut au service de ses
théories que des banalités incroyables,
que de stupides infatuations.

« — La société actuelle, s'écriait-il, ressemble à Louis XI mourant, lorsqu'il

s'étudiait à donner à son visage les trom-
peuses apparences de la vie. Elle croit
vivre encore, cette société qui porte en
elle le germe de mille morts, la misère, la
prostitution, l'égoïsme, la concurrence!
Mais chaque minute qui s'écoule lui enlève
une partie de son existence ; elle râle, elle
s'éteint dans les dernières convulsions de
l'agonie... etc., etc. »

Des mots ! des mots ! disait Hamlet.

Ces prédications du petit orateur jetè-
rent la panique dans l'industrie et firent à
l'instant même refluer une foule immense
dans les ateliers nationaux.

Interrogez-vous devant Dieu, la main
sur le cœur, monsieur l'utopiste, et dites

sur qui retombe le sang répandu aux journées de juin !

L'égalité des salaires, préconisée par le chef des conférences du Luxembourg, blessa les ouvriers dont le bon sens se refusait à admettre que l'intelligence, le savoir-faire, l'habileté de la main, le courage au travail dussent être comptés pour rien sous le régime de la fraternité.

Pressé par la logique populaire, Louis-Blanc répondit un jour à ceux qui lui demandaient s'il se contenterait pour lui-même des *quatre francs* qu'il promettait à chacun :

« — Oui, certes !.... Quand tous ne recevront que le prix de la journée égali-

taire, je me glorifierai d'être le premier
ouvrier de France ! »

Nous citons sa réponse textuelle.

Il fermait ainsi la bouche à ceux que ré-
voltaient les contradictions de ses doctrines.

En attendant, le premier ouvrier de
France s'était choisi, au Luxembourg, l'ap-
partement le plus coquet, celui de la duchesse Decazes, et n'y vivait pas précisé-
ment du brouet lacédémonien.

En attendant, le premier ouvrier de
France cultivait le népotisme mieux que
personne et faisait nommer son frère,
Charles Blanc, à la direction générale des
Beaux-Arts.

En attendant, le premier ouvrier de France recommandait au concierge de sa maison du faubourg Saint-Germain de ne jamais louer à des ouvriers et de n'accueillir que des locataires bourgeois [1].

O saltimbanque !

Plusieurs des théories de Louis Blanc furent soumises à la pierre de touche de la pratique : elles avortèrent d'une façon misérable et honteuse.

Le plus célèbre de ces essais d'application fut celui de l'atelier de tailleurs, établi dans les bâtiments vides de la prison pour dettes de Clichy.

On sait comment Proudhon qualifia

1. Voir le *Lampion* du 11 juin 1848.

cette première tentative d'atelier social, où les *frères* tailleurs, qui avaient reçu une grande commande de l'Etat, et qui avaient été exonérés des frais de loyer se permirent de faire des bénéfices sur la main-d'œuvre des *sœurs* culottières, employées à la confection des pantalons,

Touchante fraternité socialiste !

Le mal empirait chaque jour, et rien ne pouvait faire tomber des yeux du Tom-Pouce organisateur le bandeau de l'aveuglement et de l'orgueil,

Ses idées n'engendraient que la misère et la ruine, et il croyait plus que jamais à l'infaillibilité de ses idées.

Pourtant les hommes de son parti lui faisaient une rude guerre.

M. de Lamennais, attaquant le communisme du Luxembourg, montra le despotisme et l'esclavage inhérents à ces théories : « Le droit au travail, disait-il, entraîne pour corollaire le devoir du travail. Il supprime la liberté, il décrète la servitude. »

Le 17 mars, Louis Blanc dut enfin reconnaître son impuissance, et le cuisinier Flotte lui dit à l'Hôtel-de-Ville :

— Toi aussi tu es un traître !

Un mois après, l'organisateur du travail

n'échappait qu'à grand'peine aux cris de proscription de la milice citoyenne, qui s'obstinait à mêler son nom au mot d'ordre de la journée :

- « A bas les communistes ! »

Elu à l'Assemblée nationale par les départements de la Seine et de la Corse, Louis Blanc, comme tous les membres du Gouvernement provisoire, vint rendre compte de ses actes à la tribune.

Son apologie vaniteuse produisit un effet déplorable.

On lui répondit par des récriminations, par des accusations même. L'orage devenait terrible. Heureusement, un député s'écria :

— Messieurs, est-on coupable lorsqu'on n'a rien fait ?

Le mot sauva l'orgueilleux sophiste, mais en l'écrasant.

Il ne devait pas, du reste, échapper à son Waterloo. Porté en triomphe par l'émeute, après l'envahissement de la Chambre, au 15 mai, il proclama le droit du peuple de présenter des pétitions à la barre, et s'écria :

« — Citoyens ! je vous félicite d'avoir reconquis le droit d'apporter vous-mêmes vos pétitions au sein de cette assemblée. Désormais, on ne vous le contestera plus ! »

Le pusillanime président Buchez l'avait chargé de s'interposer vis-à-vis de la foule ; mais il ne lui avait point dit d'aller jusqu'à

l'Hôtel-de-Ville, pour voir quelle tournure
prenaient les événements.

Dès le 1er juin, le procureur-général
Portalis demande l'autorisation de pour-
suivre le héros du Luxembourg.

« — Citoyens ! s'écrie le petit homme,
gesticulant et poussant des cris furieux,
est-ce que vous allez déjà dresser des listes
de proscription ? Eh bien ! si l'on se montre
ingrat envers ceux qui ont tout sacrifié,
leurs bras, leur fortune, leur existence
pour fonder la République, l'histoire est
là pour effacer plus tard la calomnie accu-
mulée sur leurs têtes, et l'histoire leur
donnera l'immortalité ! »

Des rires olympiens accueillirent ces

paroles, et l'orateur reprit, en se dressant sur son escabeau :

« — N'oubliez pas que cette main a signé le décret en vertu duquel vous êtes ici! »

La demande du parquet fut repoussée.

Mais, après les événements de juin, la fameuse enquête dont M. Bauchart fut le rapporteur, signala de nouveau Louis Blanc à la vindicte des lois, et, dans la nuit du 25 au 26 août, des poursuites furent autorisées contre lui et contre le citoyen Caussidière, pour leur participation à l'attentat du 15 mai.

Louis Blanc sortit pendant le scrutin de division.

Ses amis, Félix Pyat et Duclerc, le conduisirent au chemin de fer du Havre, et il put gagner Londres sans être inquiété.

Depuis neuf ans sur la terre d'exil, son immense orgueil contribue à lui aliéner de plus en plus chaque jour les sympathies des républicains, qui s'excommunient réciproquement de l'autre côté du détroit et vivent avec moins d'accord que lorsqu'ils étaient en France.

Il envoya de Londres des articles à un journal mensuel, intitulé le *Nouveau Monde*, et continua ses attaques contre la société.

Ce journal mourut quand survint la loi du cautionnement.

L'incorrigible utopiste écrivit ensuite nombre de brochures politiques, *Plus de Girondins,* — *La République une et indivisible,* — *Un dîner sur l'herbe,* etc. ; puis il fit paraître la suite de son *Histoire de la Révolution française,* dont deux volumes avaient déjà vu le jour, avant 1848.

Dans une longue introduction, qui précède ce livre, Louis Blanc expose ses idées comme historien.

Suivant lui, trois grands principes se partagent le monde et l'histoire : *l'autorité, l'individualisme* et *la fraternité.*

L'autorité fut établie par la religion du Christ.

L'individualisme, inauguré par Luther,

développé par les philosophes du xviii
siècle, a été introduit dans la vie publique par la révolution de 1789.

La fraternité, entrevue par les penseurs
de la Montagne (au nombre des susdits
penseurs, il place en première ligne ce bon
M. de Robespierre), est encore dans les
lointains de l'idéal ; mais si l'on veut bien
revenir à résipiscence et s'incliner devant
l'oracle (c'est M. Louis Blanc qui joue le
rôle de sibylle), elle ne tardera pas à régner
d'un bout du monde à l'autre.

Un dernier mot pour épilogue, et lais-
sons parler Proudhon.

« Toute la science économique de Louis

Blanc n'est qu'une généralisation absurde de la routine mercantile et propriétaire. Son système de gouvernement n'est qu'une soufflure de la politique de Ferdinand Flocon, qui faisait concurrence à celle d'Armand Marrast, qui la tenait de M. Thiers, qui était un compère de M. Guizot, qui avait étudié sous Royer-Collard, qui.... Je n'en finirais pas avec les qui multipliés. Cette filiation scientifique est aussi longue que la généalogie des descendants de David. Par son ultra-gouvernementalisme, Louis Blanc a rendu la révolution sociale odieuse aux paysans et aux bourgeois, et contribué plus que personne au défaites de la démocratie. »

A la bonne heure, messieurs!

Jugez-vous en famille, exécrez-vous les uns les autres. Voilà ce qui sauvera le monde.

FIN.

Paris.— Typographie de Gaittet et Cie, r. Gît-le-Cœur, 7.

Monsieur,

J'ai l'honneur de vous faire tenir le volume et les notes que je dois à votre obligeance. Je vous demande pardon d'avoir gardé tout cela si longtemps, et je vous prie d'agréer, en même temps que mes remerciements, l'assurance de ma haute considération.

Louis Blanc

Paris, le 11 juillet 1843.

www.ingramcontent.com/pod-product-compliance
Lightning Source LLC
Chambersburg PA
CBHW070908280326
41934CB00008B/1629